ŒUVRE

DES

CERCLES CATHOLIQUES D'OUVRIERS

DU POUVOIR

ET

DE L'ORGANISATION ADMINISTRATIVE EN FRANCE AVANT ET APRÈS 1789

PARIS

BUREAUX DE L'*ASSOCIATION CATHOLIQUE*

262, BOULEVARD SAINT-GERMAIN, 262

1888

ŒUVRE DES CERCLES CATHOLIQUES D'OUVRIERS

Extrait de l'ASSOCIATION CATHOLIQUE, avril 1888

DU POUVOIR
ET
DE L'ORGANISATION ADMINISTRATIVE
EN FRANCE
AVANT ET APRÈS 1789

Il y a un premier jour dans la vie de chaque peuple. C'est celui où de nombreuses familles groupées et réunies, fixées sur un coin de terre qui s'appellera patrie, instituent un chef pour la protection et la défense de l'intérêt commun.

Voilà bien la souveraineté, dans sa simplicité et dans son essence. Déléguée ou reconnue, élective ou héréditaire, elle est une part de cette royauté sociale dont la plénitude est en Dieu. Cela ne saurait se discuter, du moment où l'on admet que Dieu a créé le monde, qu'il en est le souverain Maître et que sa Providence le gouverne. Cette pensée est traduite aux Livres saints par ces mots : *Non est potestas nisi a Deo.*

De là suit que la souveraineté consiste dans le libre exercice d'une autorité vraiment sociale. Elle a pour mission d'ordonner la société pour le bien moral et matériel de chacun, en s'inspirant de ces deux vérités : à savoir que l'homme, créé par Dieu, est destiné à une récompense éternelle, et que la famille est la société essentielle qui, par assises superposées, constitue l'unité nationale.

Ceci dit, nous sommes obligé de reconnaître que, par suite d'accidents et de faits contingents, toute nation est soumise à une loi d'évolution constante. La stabilité des institutions est une nécessité, mais la stabilité n'est pas l'immobilité et ne saurait empêcher chaque peuple d'obéir à des besoins de transformations. Ces besoins résultent d'une foule de circonstances, qui dominent les volontés humaines et les entraînent dans le mouvement. Le temps marche; tout marche avec lui. L'habileté, d'accord avec la sagesse et la vertu, consiste alors à éviter les déviations, à garder fidèlement les principes, à retenir les vérités essentielles, à graviter autour d'un point fixe, à distinguer clairement l'évolution féconde et légitime de la révolution qui brise et emporte tout, à demeurer dans l'ordre, sans être réfractaire au progrès.

Telle a été, durant de longs siècles, l'histoire de notre pays : il s'est formé et développé sous la protection du christianisme et de la royauté se prêtant un mutuel appui. Puis, un jour, lorsque des réformes s'imposaient, il s'est élevé une puissance de destruction, qui a commencé par détruire la juste notion de la souveraineté, qui a continué en supprimant la constitution historique qui faisait partie du patrimoine national, en dispersant une à une toutes les institutions, et en renversant de fond en comble le droit en vertu duquel l'autorité est le couronnement de toute société.

Un siècle a passé; rien n'est encore reconstruit, parce qu'on a perdu le point fixe et qu'on ne l'a pas encore retrouvé. On le cherche en vain à tous les points excentriques placés en dehors de la circonférence, et, faute de boussole et d'orientation, on n'a plus de règle que l'aventure, la loi du hasard et l'empirisme méthodique. Cependant on n'aboutit à rien qu'à varier les formes du chaos. C'est que les lois divines, qui doivent fournir à tout gouvernement humain une assiette indispensable, sont invariablement suppléées par des inventions et des expédients, dans lesquels n'apparaît que le vain orgueil de l'homme en révolte.

Pour notre part, nous avons à chercher la preuve de ce jugement dans la constitution et le fonctionnement du pouvoir en France, avant et après 1789, et dans l'organisation administrative de ces deux époques. Aussi bien n'est-ce pas un coin fort curieux du tableau qu'il convient d'opposer à la glorification aveugle et passionnée de l'œuvre de 89 et de ses conséquences politiques et sociales ?

I

La France a traversé des phases fort variées et fait l'expérience d'institutions diverses, lorsque nous arrivons à cette date de 1789, qui marque la fin d'un régime, ouvre l'ère des transformations violentes et va jeter le pays dans l'inconnu et dans l'abîme. Elle n'a jamais eu de constitution écrite; sa constitution était *es cœur* des Français et dans les coutumes.

Le Moyen Age est bien loin : nous ne sommes plus aux jours où le trait distinctif de la royauté était l'exercice d'une souveraineté sociale et chrétienne. A cette époque, le Roi régnait en qualité de chef héréditaire d'une hiérarchie également héréditaire, et, s'il gouvernait, ce n'était pas par le fait d'une organisation administrative relevant mécaniquement de la couronne. Le gouvernement du Roi se perdait, pour ainsi dire, dans une fédération féodale très jalouse de ses prérogatives, dans des institutions locales, dans des corporations qui avaient une individualité propre, dans des juridictions ecclésiastiques aussi puissantes que bienfaisantes; mais il se retrouvait dans le prestige de la majesté, dans une grandeur morale incontestée, dans l'octroi pur et simple de la justice, dans le droit souverain d'arbitrage. Les institutions de saint Louis nous fournissent le plus magnifique exemple de la grandeur royale dans le Moyen Age et d'une véritable harmonie sociale : elles affirment devant l'histoire la sublime vocation de la nation française.

La féodalité est une longue époque dont les jours les plus brillants se placent à une date reculée, lorsque les incursions des Normands menaçaient, à la fois, le peuple et la royauté, et que les mœurs se ressentaient encore des contacts de la barbarie. Aidée par des évêques, qui furent des saints, la féodalité continua la France de Clovis et de Charlemagne; plus tard, elle la protégea contre les défaillances des derniers Carlovingiens; plus tard encore, elle la rajeunit avec les Capétiens. Hugues Capet fut, en effet, l'élu des seigneurs féodaux et devint le chef de cette illustre maison de France qui occupa le trône, sans discontinuité, jusqu'à la Révolution, et constitua le droit historique.

La féodalité eut ses gloires et ses grandeurs, elle eut aussi ses faiblesses et ses ambitions immodérées; elle ne ménagea pas toujours ses rigueurs aux faibles, et son esprit d'indépendance put être souvent un péril pour la royauté.

De là une lutte qui dura des siècles, qui souvent même fut transportée sur les champs de bataille, et dans laquelle la royauté s'ingénia à se faire un pouvoir propre, à s'affranchir de prétentions trop hautaines, à modifier à son profit les institutions et les coutumes. Elle chercha d'abord un appui dans le peuple, en se montrant plus clémente et plus généreuse; d'autre part, elle opposa à l'omnipotence féodale l'affranchissement des Communes. Elle reconnut l'indépendance de celles qui étaient arrivées à secouer le joug des seigneurs, elle émancipa certaines autres. A celles-ci et à celles-là elle concéda des libertés qui ne furent pas toujours exemptes de vicissitudes : il en est qui disparurent complètement par l'ingérence des officiers royaux dans les administrations locales ; il en est même qui, après avoir été confisquées, furent admises à un rachat, exigé par la pénurie du trésor public.

Plus tard, la royauté trouva aide et appui dans les parlements et en fit des corps politiques. Elle encouragea leur tendance à s'immiscer dans les affaires administratives, et laissa même cette tendance pénétrer les juridictions inférieures, qui s'appelaient les bailliages et les sénéchaussées.

Les parlements secondèrent, à des époques intermittentes, la convocation des Etats généraux, où la royauté venait se mettre en contact avec les représentants choisis par les trois ordres, la noblesse, le clergé et le tiers-état. Les Etats généraux n'avaient pas de session fixe, mais on y avait recours dans les circonstances particulièrement graves, quand surtout il y avait des subsides à demander, et que les grands intérêts de la France se trouvaient mis en question. Et alors le gouvernement de la France fut vraiment une monarchie tempérée. Le Roi règne et gouverne, et l'on peut dire avec non moins de vérité : *Lex fit consensu populi et constitutione Regis*, car, quoi qu'on en dise, les trois ordres, c'est le peuple entier ; on ignore alors les luttes sociales, et toute la classe des déshérités ne saurait être oubliée là où le clergé apporte la doctrine et la haute morale de l'Eglise.

Cet état de choses n'a rien de commun avec la centralisation administrative, telle qu'on la conçoit aujourd'hui ; mais la centralisation politique se fait sentir, aux dépens de la féodalité et pour le bien du peuple. Les coutumes demeurent en vigueur ; les corporations ne sont point atteintes dans l'exercice de leurs droits ; les ordres religieux et le clergé séculier continuent à être les instruments féconds de l'assistance publique et les dispensateurs de l'enseignement ; enfin, la plus large part de l'ordre social ne cesse de reposer sur les fonctions traditionnelles des diverses classes de la société ; mais, en même temps, la France se constitue progressivement sous le sceptre des rois très chrétiens et devient la reine des nations.

Cependant un temps viendra où les parlements, au lieu d'être les auxiliaires de la puissance royale, voudront se mesurer avec elle, user largement du droit de *remontrance*, discuter l'enregistrement des édits et obliger le Roi à venir en personne aux lits de justice, pour y répondre de l'exercice de la souveraineté.

Cet esprit de critique et d'indépendance est entré aux parlements avec les légistes. C'est d'abord contre la papauté qu'ils l'ont exercé, avec une complaisance coupable ; c'est contre le Roi que, plus tard, ils le veulent mettre en pratique, quand viennent les tristes jours de la Réforme et qu'une fraction de la noblesse fait cause commune avec l'hérésie.

Les choses en arriveront à ce point que Louis XIV, après Henri III, Henri IV et Louis XIII, aura à triompher, tout à la fois, de l'insurrection des grands du royaume, et des résistances obstinées du parlement de Paris. Louis XIV pourra venir à bout de toutes ces difficultés, car sa volonté souveraine sera aussi forte par elle-même qu'elle sera bien servie par des hommes d'élite; mais, dans l'infatuation de la victoire, il osera dire avec un excès d'orgueil : *L'Etat, c'est moi, et je suis la justice des justices.* Il pourra donner à la royauté un magnifique éclat, réorganiser tous les services publics et bien mériter de son peuple; mais en s'isolant de la nation, en renonçant à tout contact avec les forces représentatives de la France, en réalisant la monarchie absolue, il aura mis sur les épaules de ses successeurs un fardeau écrasant, et fait dépendre l'avenir de la couronne de l'hérédité du génie. Il n'est pas de plus redoutable fiction. Plus redoutable est-elle, quand, un jour, elle a pu être une vérité, grâce à la rencontre fortuite d'une volonté supérieure et de toutes les puissances de l'intelligence mises en mouvement à la même heure. Telle n'est point d'ailleurs la forme de gouvernement dans laquelle nous trouvons la souveraineté en rapport avec son rôle et sa mission. C'est une dangereuse exagération du droit et de la flatterie, que d'en arriver à accepter cette formule : *Quod principi placuit legis habet vigorem.*

Lorsque l'héritier de Louis XIV aura pris sous sa propre responsabilité les expéditions les plus désastreuses ; lorsque la dilapidation des finances et les expédients les plus hasardeux auront ruiné le Trésor public ; lorsque la corruption des mœurs, étalée au grand jour, aura déconsidéré la cour et tout ce qui l'approche ; lorsque des haines profondes se seront accumulées contre les plus haut placés des privilégiés ; lorsqu'enfin l'injustice et la souffrance auront été exploitées par le philosophisme, et présentées comme la conséquence directe d'un état social où la royauté et la religion semblent encore être tout, que restera-t-il à l'infortuné Louis XVI pour faire face à une situation qui exigerait tout autre chose que les générosités du cœur et la droiture des intentions?

Il faudrait des institutions, et ce n'est pas à pareil moment que des institutions s'improvisent. Il y a d'un côté le Roi, et de l'autre la France; ils s'aiment toujours, mais ne se comprennent plus. Ils ont été tenus à distance, depuis un siècle et demi, et, quand ils se rapprocheront trop tardivement, dans les Etats généraux de 1789, il y aura un heurt si violent que les Etats généraux ne se posséderont plus, que le conflit éclatera et que, dans le conflit, la royauté périra. Du premier coup, en effet, on dépassera le but pour le mieux atteindre, tant les élans seront irrésistibles, tant les colères et les entraînements distanceront l'effort de toutes les générosités.

Mais, avant de passer outre, la situation impose un rigoureux examen de la part faite à la souveraineté dans le gouvernement de la France, des forces morales dont elle dispose, et de l'organisation administrative du pays.

La souveraineté aux mains de Louis XVI est le glorieux et périlleux héritage de Louis XIV, compromis par Louis XV. Théoriquement, le Roi peut ce qu'il veut, et cela même l'empêche de vouloir, parce que par nature il est irrésolu, et qu'en fait les hommes qui l'entourent sont amoindris, et qu'ils ne sont pas de taille à partager avec la souveraineté le poids qui l'accable.

Pour cela, en effet, il faudrait des forces morales et des vertus qui n'existent plus : le philosophisme a dénaturé les principes, les robustes énergies de la foi ont subi l'atteinte du scepticisme. Le mal causé par la Réforme n'a pas été dissipé par les succès de la souveraineté; il a été continué par les entreprises du gallicanisme, par la déclaration de 1682 et par le jansénisme. Le clergé de France a eu trop de complaisances pour le pouvoir, et trop peu de rigueurs pour les erreurs qui envahissaient la société : l'unité de la foi a souffert de cet état de choses, en même temps que la discipline se trouvait affaiblie par la jouissance de bénéfices exagérés, et que la hiérarchie ecclésiastique périclitait par les sommets.

La noblesse, qui entoure le Roi, forme un groupe de hauts dignitaires, dont les privilèges et la fortune ne sont plus compensés par des fonctions sociales correspondantes; ce qui reste du régime féodal se résume en droits d'exception sérieusement discutés; ils sont passés, les temps où le devoir social inclinait chaque privilégié vers un plus petit que lui. Tous ces grands de la Cour ont ri avec Voltaire et ont trouvé du charme dans les nouveautés du *Contrat social* de J.-J. Rousseau. Ils professent pour la royauté un attachement sincère, et ils ne voient pas qu'après leurs pères ils travaillent à la ruine de la souveraineté. Toutes les forces vives dont les autorités sociales devaient faire le rempart de la souveraineté, qu'elles devaient garder intactes pour le bien du peuple, se trouvent ainsi dissipées ou corrompues. Elles peuvent d'autant moins se rejoindre et se refaire qu'elles n'ont pas conscience de leur décrépitude, et que personne ne distingue davantage le péril de cette situation.

Serait-ce sur l'organisation administrative que l'on pourrait compter, pour contenir les ferments qui s'accumulent en silence sur les marches mêmes du trône, et pour opposer les fidélités de la France aux désertions inconscientes, et aux isolements de la royauté? C'est un leurre qu'il ne faut pas entretenir : tout pouvoir administratif, si bien ordonné qu'il soit, n'est pas de force à limiter un mouvement d'opinion qui s'attaque aux institutions, et qui a pour raison d'être les vices de l'état politique, la dégénérescence des mœurs et l'oubli des vérités essentielles. Tout au plus peut-il le prévenir en entretenant des rapports harmonieux entre les sujets et la puissance souveraine, en donnant satisfaction aux intérêts publics et privés, en assurant le libre jeu des institutions locales et le respect de la souveraineté. Mais à l'heure où nous considérons la France, les pouvoirs publics ne sont plus à la hauteur des difficultés. L'administration a pu acquérir un degré réel de perfectionnement, mais elle a été aussi l'instrument de l'absolutisme, et elle porte la peine des erreurs de la souveraineté. Elle consiste en un système mixte et dans un juste partage dont une part est faite à la royauté, dont l'autre part est abandonnée aux institutions provinciales, aux villes avec leurs échevins, aux paroisses avec leurs coutumes, aux communautés avec leurs syndics, aux corporations avec leurs règlements.

Au centre, le Roi, avec son Conseil d'Etat et ses conseils particuliers, puis les ministres, le tout relevant uniquement de l'autorité souveraine. Cet appareil est mis en relation avec la France par des lieutenants généraux, qui représentent auprès des quarante provinces la puissance royale et ont, en matière politique et militaire, des attributions fort étendues. Ces quarante provinces sont elles-mêmes ou pays d'état ou pays d'élection. A ces titres divers, qui trouvent leur raison dans le passé et dans l'histoire de la formation de la France par voie de conquête ou d'annexions successives, les provinces ont retenu plus ou moins d'indépendance. Cependant elles sont toutes des individualités morales, douées d'un gouvernement local, d'institutions variées, et régies par des coutumes diverses. Après une longue interruption, les provinces viennent d'être remises en possession du droit de tenir des assemblées de notables où les intérêts publics seront discutés. Cela n'exclut pas la coexistence d'individualités inférieures, telles que les villes administrées par leurs échevins, les communes légalement constituées et les paroisses non encore émancipées. A ces paroisses, qui correspondent à la généralité de nos communes rurales, on a tenté de faire l'application d'un régime uniforme; on n'y est pas parvenu : les paroisses se sont montrées assez réfractaires, mais c'est encore là, à y regarder de près, que se rencontreraient les derniers vestiges de l'ordre social chrétien. Les paroisses sont aux mains du seigneur et du curé, mais les seigneurs de village ne sont pas de ceux que le philosophisme a corrompus; ils vivent au milieu du peuple, en partagent les peines et les joies. A un coup de tambour donné sur la place publique, tous les chefs de famille se réunissent pour délibérer sur les affaires de la communauté. Cela vaut bien un conseil municipal et, dans tous les cas, le terrain est préparé à recevoir les réformes librement projetées par le Roi. La décentralisation paroissiale peut paraître excessive et quelque peu confuse; n'importe, c'est là que se rencontrent les vertus solides et les grands exemples de dévouement et de respect. La royauté serait sauvée et pour longtemps, si elle n'avait qu'à compter avec les paroisses.

La division de la France en quarante provinces correspond, ainsi qu'on vient de le voir, à une décentralisation réelle et vraiment salutaire, mais il y a une autre division, celle-là toute administrative et destinée à unifier les services publics. Il s'agit de trente-deux généralités, confiées à trente-deux intendants, qui sont les agents directs du pouvoir central. Les intendants ont été institués pour organiser les services financiers et régulariser l'assiette et la perception de l'impôt; mais, en même temps, ils ont reçu pour mission de s'occuper des travaux publics, des voies de communication et ils n'ont pas tardé à devenir des agents administratifs, gouvernant au nom du Roi. Ils ressemblent assez à des préfets et partagent leurs attributions avec des *sub-délégués* qui, comme des sous-préfets, exécutent les ordres et les instructions qu'ils reçoivent des intendants. Cela fait une hiérarchie administrative qui, dans ses fonctions, se heurtera fréquemment aux résistances des Assemblées provinciales.

Telles sont les grandes lignes de l'organisation administrative, en France, lorsque les secousses politiques vont se produire, avec une furieuse intensité. Si absolu que le pouvoir royal soit devenu avec Louis XIV, il n'a pas détruit cette vie d'initiative locale, qui tient aux institutions provinciales et communales et au régime corporatif. La décentralisation est demeurée vivante et forme, pour ainsi dire, plusieurs étages, où l'esprit de réforme pourrait s'installer sans difficulté, sous la condition de certains tempéraments à apporter au mode et au fonctionnement de la souveraineté. Ce qui manque, c'est la puissance représentative, qui doit faire les lois avec le souverain, qui doit être l'interprète habituel des intérêts et des besoins, qui, sans usurper la puissance exécutive, établit, entretient des contacts nécessaires et fait que les réformes, accomplies au jour le jour, préviennent et empêchent les transformations violentes et irréfléchies; hors de là, il vient un jour où les exigences sont excessives, où la compression détermine l'explosion, où l'intempérance succède au silence imposé, où la passion joue le premier rôle, croit avoir une revanche à prendre contre tout ce qui lui résiste et se jette les yeux fermés dans l'inconnu. Ce jour-là va se lever; il sera d'autant plus terrible et d'autant plus long que les forces de résistance et de préservation sont amoindries ou dissipées, et que les principes sont en décadence.

Voilà bien l'histoire de 1789, et cette histoire sera encore celle de tout un siècle ; car, à l'heure présente, personne n'a encore consenti à s'inspirer du nécessaire pour reconstruire un abri possible et mettre le pouvoir à sa place; car personne ne veut se souvenir que la souveraineté est au sommet de la société ou qu'elle n'est pas, et que la France a été faite par une royauté sociale et chrétienne.

II

Si l'on prend les cahiers de 1789 comme l'expression des sentiments qui avaient cours en France, à cette époque, on ne saurait y trouver qu'un profond attachement au régime monarchique, et le désir de réformes qui ramèneraient dans les lois des principes de justice et d'équité incompatibles avec certaines distinctions ou certains privilèges, que la dignité des citoyens refusait d'accepter ; à bien considérer les vœux populaires, on n'y voit pas le germe d'une révolution. Malheureusement, les interprètes de ces vœux sont pour beaucoup des adeptes du philosophisme, de ces hommes qui cherchent une voie nouvelle pour l'humanité, qui croient l'aimer avec passion, et qui se prennent pour des sauveurs. Ces gens-là dominent dans le Tiers ; ils sont quelques-uns seulement dans les deux ordres du clergé et de la noblesse : mais ce sont des sectaires ou des tribuns, et cela suffira pour qu'au milieu des irrésolutions du pouvoir, ils aient le crédit que donnent l'énergie et le parti pris. C'est en vain que Louis XVI consent à l'abandon de certaines prérogatives, qui intéressaient le libre exercice de la souveraineté, que la noblesse et le clergé accomplissent généreusement le sacrifice de leurs privilèges : les revendications du lendemain distancent sans cesse celles de la veille, et l'on se précipite du mal au pire avec une fiévreuse inconscience. C'est ainsi qu'il arrive toujours, quand un gouvernement se réforme sous une pression extérieure, et que personne n'a plus la force et la volonté de s'attacher à un principe. La Révolution fut faite du jour où il fut admis que les Etats-Généraux étaient une assemblée nationale, qu'ils donneraient une constitution à la France et que le vote aurait lieu par tête et non plus par ordre. Par cela seul le Tiers était assuré du triomphe ; le rationalisme entrait en maître dans la place, et il devenait aisé de prévoir ce que serait une constitution qui aurait pour préambule *la Déclaration des Droits de l'homme.* M. Le Play a défini cette déclaration : *les faux dogmes de 89.* Taine a été plus sévère en disant qu'elle était autant de poignards tournés contre la société, et qu'il suffisait de pousser le manche pour faire entrer la lame. La lame est si bien entrée qu'elle est demeurée dans la plaie profonde.

Au point de vue particulier où nous nous sommes placé, que trouvons-nous donc dans la Déclaration ? C'est d'abord l'affirmation pompeuse de certains principes de justice éternelle, qui n'étaient pas à inventer, et qui faisaient partie intégrante du droit naturel et du droit positif, formulé dans le Décalogue et dans l'Evangile. Il était opportun de les rappeler : c'était un mensonge que d'en faire des nouveautés ; — c'est ensuite la proclamation d'une souveraineté nationale imprescriptible, — d'une égalité qui supprime toute hiérarchie et décapite la société, — d'une liberté qui ne peut être que la licence, — d'une fraternité qui pourra devenir la mort ; — c'est enfin une définition nouvelle de la loi qui, cessant d'être l'expression d'un droit, devient l'expression de la volonté générale.

Sous des apparences modestes, sous une forme hypocrite, il y a là tout simplement de quoi bouleverser la France et remuer le monde entier. Une souveraineté nationale imprescriptible, génératrice de l'autorité, emporte, en effet, la suppression du droit de Dieu, fait dépendre toute puissance des caprices de la multitude, confère au peuple, à l'état permanent, le droit de retenir, de déléguer, de restreindre, de retirer l'exercice de la souveraineté, et doit se traduire nécessairement par l'instabilité et par l'anarchie. Que peut aussi être la loi, alors qu'elle n'est plus que l'expression de la volonté générale? Tel est bien le corollaire obligatoire de la précédente proposition; mais, alors que l'ordre, le bien, la justice ne dépendent plus que de la volonté générale surexcitée par le rationalisme, n'est-il pas certain qu'un jour ou l'autre la loi se trouvera au service des passions et des appétits? Qu'y a-t-il donc autre chose dans les dogmes de 89 que la négation virtuelle de tous les dogmes du christianisme? Si la souveraineté vient du peuple, Dieu n'est pas le créateur et le souverain maître de l'univers, et la Providence n'est qu'un vain mot; — si la loi peut être l'expression de la volonté du nombre, c'est que l'homme naît bon, c'est que la faute originelle n'existe pas, et que la Rédemption est une illusion. — La Déclaration des droits de l'homme est donc bien la synthèse du système philosophique de J.-J. Rousseau, appliqué au domaine politique; elle contient en germe tous les travestissements et toutes les transformations que pourra recevoir ou subir la souveraineté, mais elle est aussi la formule audacieuse de l'athéisme social, qui livre l'homme à toutes les puissances de la terre et ne le dispute qu'à Dieu seul.

La première constitution qui sortira de cette conception réduira nécessairement la royauté à n'être plus que le décor du gouvernement : elle stipule, il est vrai, que le Roi est le chef du pouvoir exécutif, mais il n'y a rien de plus à exécuter que les décrets de l'Assemblée nationale. Ces décrets ont force de loi par eux-mêmes et par le fait du vote des représentants de la nation, et le *véto* suspensif, réservé au monarque, s'appelle à juste titre un *véto* dérisoire.

Comme conséquence de la suppression des ordres, le régime électoral va prendre une large place dans la constitution; c'est une façon de donner satisfaction à la souveraineté nationale et de restreindre de plus en plus les attributions laissées au pouvoir exécutif. Partant de là, il y aura une assemblée unique, et le principe de l'élection ne s'appliquera pas seulement au domaine politique ; il envahira, avec ensemble, tout le nouveau système administratif. On ne pouvait, en effet, laisser subsister les autonomies provinciales et communales, alors qu'on avait rêvé de faire entrer les hommes et les choses dans un cadre uniforme et de répandre partout les bienfaits de l'émancipation, et on a remplacé l'organisation provinciale par une organisation départementale. Celle-ci comporte la division de la France en 87 départements, la division des départements en districts, et la division des districts en communes, reconnues désormais égales dans tous leurs droits.

Le système électoral va donc être politique et administratif, à la fois; il n'est pas encore le suffrage universel, mais il constitue un acheminement, et la dernière étape sera promptement franchie. Pour débuter, le suffrage politique est à deux degrés : les électeurs primaires sont tous les citoyens qui payent un cens égal à trois journées de travail; ils se réunissent au chef-lieu de canton pour former, à raison d'un pour cent, la liste électorale départementale, chargée d'élire les représentants de la nation. Les députés doivent payer un cens déterminé et sont attribués à chaque département sur une triple base, fournie par le territoire, par la population et par l'impôt.

Quant au suffrage administratif, il est réservé aux assemblées primaires, et il est chargé de pourvoir à tout, jusques et y compris la délégation exécutive. Aux départements il donne un conseil, un procureur syndic et subsidiairement des directeurs; auprès des districts il institue un personnel semblable; aux communes il attribue une municipalité, des officiers spéciaux, qui délibèrent avec les notables.

Il y a là un double effort de centralisation administrative et de décentralisation politique, car ces diverses individualités relèvent hiérarchiquement les unes des autres; car, par suite du déplacement de la souveraineté, le pouvoir exécutif doit subir tous les choix qui lui sont imposés par les électeurs et n'exercer, dès lors, qu'un contrôle nominal sur les affaires du pays. Le contrôle est, en fait, aux électeurs, et, d'une façon lointaine, à l'Assemblée nationale. Bientôt il appartiendra aux clubs, d'où sortiront les arrêts souverains de la multitude : ce sont ceux que l'on discutera le moins.

Comme complément à ces principes d'émiettement, toute association est interdite, et cela fait disparaître les corporations et les jurandes qui avaient été l'honneur des corps de métiers.

Chaque travailleur est condamné à n'être plus qu'une unité perdue dans la masse, et à demander au droit superbe de la souveraineté toutes les satisfactions matérielles. Comme elles ne pourront que lui manquer, le désordre deviendra promptement la conséquence des revendications populaires.

Cependant la fièvre constitutionnelle n'est pas encore épuisée : elle cherche une dernière victime, et voilà qu'elle s'abat sur le clergé. Le clergé ne paraît pas suffisamment gallican ; il semble un état dans l'Etat, et doit être violemment arraché du Pontificat romain. Tel sera le but de la constitution civile du clergé : elle ne vise à rien moins qu'à organiser une église nationale et à jeter la France dans le schisme; mais, pour en arriver là, il faut compter sans les résistances et sans les fidélités d'un sacerdoce, qui préférera la persécution à l'ignominie et repoussera en masse le serment civique, demandé par une souveraineté qu'il ne doit pas connaître.

Trois années vont s'écouler sans que le peuple ait pu trouver, dans l'exercice de ses droits et dans le bon vouloir de l'Assemblée nationale, le bonheur et la prospérité solennellement promis, mais aussi sans que le désordre, l'émeute, la misère aient pu amener à regretter la souveraineté de bon aloi. On pense plutôt que la souveraineté est encore un bien réservé, qu'il faut en abaisser le niveau, en rendre l'exercice plus radical. C'est une besogne dont se chargera la Convention et qu'elle accomplira avec une sorte de fureur.

La Convention se met, en effet, à l'aise en supprimant la royauté, en proclamant la République, en condamnant Louis XVI. Dès lors, elle devient l'incarnation absolue de la souveraineté révolutionnaire et jacobine. Elle résume tous les pouvoirs et elle les exerce par des comités, des délégués, voire même par des tribunaux d'exception. Les comités de salut public et de sûreté générale sont investis d'une autorité dictatoriale, en vertu de laquelle ils peuvent tout entreprendre et tout oser, au nom du danger public; leur responsabilité disparaît dans des solidarités collectives, qui rendent possibles tous les excès et tous les crimes; il n'est pas jusqu'aux départements ministériels qui ne soient abandonnés à ces solidarités détestables. Quant aux proconsuls et aux envoyés nationaux, ils couvrent la France et vont partout inaugurer le régime de l'anarchie, de la persécution, de la mort, car on voit partout des suspects.

En même temps, la Convention affecte de s'incliner devant le peuple, en fait le pouvoir constituant, proclame le suffrage universel et direct en matière de toute élection politique ou administrative, et soumet aux plébiscites l'acceptation des constitutions et des lois. Mais où le peuple est-il à pareil moment, et au milieu de tant de confusion? Le vrai peuple est terrorisé ; l'autre est dans les clubs et dans les communes insurrectionnelles, et la souveraineté démagogique se combine avec la souveraineté de la Convention pour faire sortir de cet impossible amalgame le règne de la guillotine, de la confiscation et de la banqueroute. Jamais l'histoire n'avait enregistré plus de hontes et d'opprobres; jamais aussi la révolte de l'homme n'avait été poussée au point de déifier la Raison : le point culminant de la Révolution est atteint; ce qui le marque c'est la confusion et l'abus de tous les droits. Le chaos est immense, quand le besoin de vivre impose la réaction.

La réaction pourrait être complète et efficace, si elle n'était comprimée et interprétée par la Convention. Pour la Convention, il s'agit de se sauver et de ne pas suivre à l'échafaud les Girondins et les Terroristes; c'est assez pour que la constitution soit modifiée, c'est trop peu pour qu'on ne fasse pas une halte dans une sorte de marais fangeux, et qu'on cesse de braver toutes les vérités essentielles. Le partage du pouvoir législatif entre deux Chambres, l'institution d'un Directoire exécutif, la suppression du suffrage universel et direct, le rétablissement d'un suffrage à deux degrés ne peuvent faire que la souveraineté n'appartienne pas encore et toujours à la Révolution, et que le pouvoir ne soit exercé par des collectivités de régicides, où l'instinct de la conservation et l'intérêt personnel tiennent lieu de justice et de virilité. Le Directoire tombe de l'imbécillité dans la boue, et de la boue dans le sang; il lutte tantôt contre lui-même et tantôt contre le pouvoir législatif; le conflit est en permanence, et il durerait longtemps sans doute si Bonaparte n'y mettait un terme, en accomplissant, les armes à la main, la révolution du 18 brumaire. Voilà le Consulat et le Césarisme, et telle est la lassitude que personne ne fera un crime à Bonaparte d'avoir violé la constitution. C'est un régime quelque peu nouveau qui commence; il mérite d'être étudié en détails et d'être dégagé de toutes les ambiguïtés qui l'entourent en apparence.

Quelles que soient les formules de la constitution de l'an VIII, Bonaparte entend replacer au sommet des choses une autorité forte, indiscutée; il veut être le maître et ne pas souffrir que les idéologues ou les royalistes aient une occasion de contrarier son plan politique. Pour lui, le triumvirat consulaire n'est qu'une piperie à l'usage des naifs et la souveraineté nationale, un instrument nécessaire, mais plus décoratif que réel.

La constitution nouvelle suppose donc simplement que le pouvoir constituant est et demeure aux mains du peuple, ce qui implique l'obligation de faire sanctionner par des plébiscites toute modification constitutionnelle, passée à l'état de fait accompli.

Pour le surplus, la constitution institue trois consuls nommés pour dix ans, investis de la puissance exécutive, étant donné qu'il y a un premier consul, qui choisit les ministres et les conseillers d'Etat et qui réduira sans peine ses collègues à un rôle consultatif. Tout cela peut paraître fort modeste, mais rien n'est moins modeste que la volonté et les prétentions du premier consul. Ce sont déjà des prérogatives fort enviables que de nommer des ministres, qui ne sont plus solidairement responsables et des conseillers d'Etat, qui feront les lois et les présenteront au corps législatif.

Pour ménager la transition et envelopper de réserves le gouvernement personnel, le Sénat conservateur semble destiné à jouer un rôle prépondérant : il est inamovible, il est le gardien de la constitution ; il se recrute de lui-même et choisit, sur la liste des notabilités nationales, les législateurs, les tribuns et les consuls. Mais il y a telle de ces attributions qui n'est inscrite que pour la forme et qui ne sera jamais exercée : jamais le Sénat ne renouvellera le consulat ; le premier consul sera consul à vie et empereur avant l'échéance qui le contraindrait à la retraite. Il ne faut pas oublier non plus que le premier noyau du Sénat est une fournée de soixante membres désignés par Bonaparte.

La liste des notabilités nationales est une conception ingénieuse et compliquée, pour laquelle le suffrage fonctionne à trois degrés différents : au premier degré, les électeurs actifs de l'arrondissement communal désignent le dixième d'entre eux ; au second degré, il est fait choix d'un nouveau dixième, qui forme la liste des notabilités départementales ; au troisième degré, la sélection d'un dernier dixième constitue la liste définitive des notabilités nationales. C'est à cette liste que le Sénat doit emprunter les titulaires des grands corps de l'Etat et en particulier les tribuns et les législateurs.

Le tribunat est composé de cent membres ; il discute et vote les lois, et envoie des délégués pour les soutenir devant les législateurs contradictoirement avec les conseillers d'Etat.

Quant aux législateurs, ils sont trois cents ; ils ne discutent pas, ils votent en silence ; ils n'ont ni droit d'initiative ni droit d'amendement : ainsi la loi sera inévitablement ce que la voudra le premier consul.

L'organisation administrative est réglée par la loi de pluviôse an VIII : elle a pour base la séparation nécessaire du pouvoir exécutif et des corps admis à délibérer. Elle comporte un préfet par département, un sous-préfet par arrondissement, un maire et des adjoints par chaque commune. Cette hiérarchie relève du Ministre de l'intérieur.

A côté de chaque préfet il y a un conseil général de département ; à côté de chaque sous-préfet, un conseil d'arrondissement ; les membres de l'un et de l'autre conseil sont choisis par le premier consul, sur une liste de présentation établie par les électeurs du second degré.

De même, à côté de chaque maire il y a un conseil municipal dont les membres sont choisis, suivant l'importance de la population, par le premier consul ou par le préfet, sur une liste formée par les électeurs du premier degré.

Le peuple ne manquera pas de ratifier, avec une véritable unanimité, la nouvelle constitution : il ratifiera de même les modifications successives, qui feront d'abord Bonaparte consul à vie, qui, plus tard, confieront le gouvernement de la République à l'empereur des Français, qui finiront par déclarer l'empire héréditaire.

Ainsi l'œuvre est achevée et le système est complet : ils se résument en un mécanisme parfaitement harmonieux, où tout est à sa place et n'en doit pas bouger, où les hommes eux-mêmes sont rangés, alignés et ne doivent remuer qu'au commandement : c'est une double centralisation administrative et politique, à mailles fort serrées, à laquelle personne ne saurait échapper. Tout aboutit, en effet, à Napoléon, ou à une hiérarchie qui relève directement de l'Empereur. Le maire personnifie la commune, comme le préfet personnifie le département, comme l'Empereur personnifie l'Etat. Et l'on dit toujours que les principes de 89 sont sains et saufs, par ce fait que la constitution a été plébiscitée et que le peuple souverain a remis tous ses droits au souverain effectif.

Voilà donc un soldat de fortune qui, se passant de toutes les traditions historiques, des institutions locales, de toute association des intérêts, de tout concours des hiérarchies sociales, veut être un monarque absolu, par le seul prestige de la victoire et le triomphe de la volonté, et qui place cet édifice, reconstruit de toutes pièces, sous la seule protection d'un contrat d'acceptation contresigné par le peuple.

Où, malgré le cortège des siècles, Louis XIV a échoué, parce qu'il escomptait le mérite héréditaire, le césar d'occasion ne peut réussir, parce qu'il escompte l'infaillibilité personnelle, la continuité des succès, et la fidélité du peuple. Le peuple a ses caprices, et le génie a ses égarements; ils sont d'autant plus dangereux que l'audace en est la loi et qu'ils demandent trop à la gloire. Bonaparte a rêvé une domination universelle : c'est pour lui le moyen d'étouffer les souvenirs et de dominer toutes les puissances du passé. Mais si, à l'intérieur, tout plie et s'encadre dans l'appareil impérial, l'Europe se révolte et les coalitions permanentes finissent par épuiser les ressources et les complaisances de la France. Napoléon vaincu, c'est comme l'empereur découronné; il ne recule, en effet, que pour bientôt disparaître et emporter avec lui l'empire héréditaire. Le peuple a voté tous les plébiscites, et il ne se demandera pas s'il a des promesses à tenir ou des revendications à exercer.

N'importe, l'œuvre de Napoléon ne périra pas tout entière avec lui. La Révolution radicale a tout emporté, mais la Révolution, réduite à une forme tempérée, a pénétré les moelles de la France; et le césarisme impérial n'a pas peu contribué à assurer la durée à un nouvel état de choses, où l'on trouvera commode d'abdiquer toute fonction sociale, et de se reposer sur la puissance publique du soin de tout faire et de pourvoir à tout. Par avance, la Révolution a pulvérisé l'ancien ordre social, dispersé tout ce qui réunissait les forces ou les intérêts, fait de chaque citoyen une unité mathématique de poids égal et de valeur égale ; par contre, elle a exalté l'Etat outre mesure, en a fait une personnalité supérieure, éminemment laïque, prenant à charge et comme à forfait la prospérité et le bonheur de toutes les individualités sorties d'un cadre social pour entrer dans un cadre administratif. Tout cela a donné lieu à des soubresauts terribles, à des secousses telles, que la société n'était plus faite que de morceaux qui se touchaient sans se rejoindre.

Alors le premier besoin n'était plus que celui du repos, la première nécessité, celle de respirer et de vivre, de rentrer dans l'ordre par un procédé quelconque, qui n'était dans les moyens d'aucune puissance collective et solidaire. Et Napoléon a tenté de résoudre le problème : d'une part, en constituant l'Etat en force souveraine, capable de contenir les citoyens émancipés, en essayant de régler mathématiquement le mouvement, la marche, l'expansion de toutes les forces éparses dans la société; d'autre part, en faisant remplir à l'Etat toutes les fonctions sociales, y compris celles qui ne sont pas de son domaine.

C'est ainsi que l'Etat impérial impose une éducation nationale, exclusivement dévolue à l'Université de France, qu'il règle, au nom du principe de l'égalité, la distribution des patrimoines, qu'il prétend marier, prononcer le divorce et constituer la famille sur un simple contrat civil, que le régime administratif ne laisse subsister que les individualités reconnues par la loi, que le régime exécutif domine et absorbe tous les éléments de la puissance législative. C'est ainsi encore que l'Etat mesure étroitement aux consciences la liberté nécessaire, à l'Eglise l'indépendance réclamée par les besoins du culte public, et qu'il prétend traiter d'égal à égal avec le Pasteur universel, avec Celui dont relèvent les âmes, qui seul exerce une souveraineté immortelle et indéfectible. Tout cela n'est pas de l'ordre social chrétien, mais tout cela vivra et durera, et traversera même, sans transformations bien sensibles, toute une série de régimes différents, dont la succession rapide suffit à prouver que les principes de stabilité ne sont pas dans les soi-disant principes de 89, mais qu'aussi la Révolution est en permanence dans une fausse conception du principe de la souveraineté, et dans l'abus du droit de la force.

Prendrait-on, par hasard, le règne de Louis XVIII comme un retour à la constitution naturelle de la France? ce serait une grave erreur. Louis XVIII se rattache à la tradition, parce qu'il s'est porté héritier du trône devenu vacant par la mort de Louis XVI; mais il s'est aussi rattaché à la Révolution, en se déclarant roi constitutionnel, et en ne restituant pas à la royauté l'exercice de la souveraineté. Par deux mouvements simultanés, la souveraineté s'est élevée et abaissée d'un rang: elle n'appartient plus ni à la royauté ni à la multitude ; elle est le partage d'un pouvoir mitoyen, d'une assemblée élue, mais par cela seul elle dépend encore de la loi du nombre. Dans cette assemblée, en effet, la majorité impose les ministres et détermine la direction du gouvernement. Il faut, il est vrai, un cens très élevé pour être électeur et un cens de 1.000 fr. pour être député ; mais cela ne fait pas que la Chambre soit l'expression de toutes les forces représentatives du pays ; l'impôt est un facteur, il n'est pas le seul ; d'ailleurs, le censitaire garde des tendresses pour le rationalisme.

D'un autre côté, il n'y a pas lieu de croire à l'efficacité des résistances et du contrepoids d'une Chambre haute nommée par le Roi. Les pairs de France sont héréditaires ou à vie, mais les institutions, qui pourraient relever la pairie, ont été emportées par la Révolution. Sans majorats et sans droit d'aînesse une pairie n'a guère de raison d'être, et le temps où nous sommes ne fait pas que l'honneur des préférences royales confère un crédit égal aux préférences d'un collège électoral. La vie politique, le mouvement, l'action sont là où les volontés sont toutes puissantes, où arrivent directement les pressions de l'opinion telle que la fait la presse, où se rencontre enfin, sous la protection d'une charte, la redoutable confusion du pouvoir législatif et du pouvoir exécutif. L'appareil administratif créé par l'empire n'a pas subi d'importantes modifications, mais il n'est plus qu'une arme émoussée : il subit nécessairement l'influence parlementaire ; le libéralisme fait tout pencher à gauche, et le libéralisme est encore la Révolution.

Le droit de dissolution n'est pas un remède. Le jour où on y a recours, il accuse un conflit entre le pouvoir royal et la souveraineté parlementaire, et fait le corps électoral juge du conflit. C'en est fait de l'autorité royale, si le corps électoral donne raison au parlement, et la constitution est ainsi faite que la bataille est, pour ainsi dire, perdue d'avance, car l'électeur est juge et partie, et il n'est pas susceptible d'assez de désintéressement et de bon sens pour se condamner lui-même.

Joseph de Maistre ne se trompait pas quand, dès l'année 1821, il écrivait avec tristesse : « *Rien n'est changé. Autrefois, les* « *têtes tombaient ; et maintenant, elles tournent.* » Le prince de Metternich ne se faisait pas plus d'illusions quand, un peu plus tard, il s'exprimait ainsi sur le compte de la monarchie constitutionnelle : « *Cette monarchie ressemble trop à la* « *République pour durer longtemps.* »

De fait elle dura 16 années ; puis un jour on cria bien haut que les ordonnances avaient violé la constitution, et l'émeute se leva pour venger la souveraineté parlementaire, et l'absorber au besoin par la souveraineté populaire. La Chambre sut se protéger, mais elle sacrifia la royauté. En même temps, elle crut sauver l'avenir et retenir les faveurs populaires en édictant une constitution qui élargissait encore le domaine de la souveraineté parlementaire. Cette constitution peut tenir en peu de mots : le Roi règne et ne gouverne pas.

Le nouveau souverain en fit la charte de 1830 : il n'avait pas le droit d'être difficile, car il ne procédait pas de la tradition ;

il ne se disait pas roi de France, mais simplement roi des Français. Il y avait là un recul et un retour vers la République : on le nia si peu que, pour égayer les mécontents, on leur présenta le nouveau régime comme la meilleure des républiques. Cependant la démagogie ne cessa de dire qu'elle avait été dupée et d'épier l'occasion d'une revanche.

Tant que la monarchie de 1830 fut jeune, elle put tenir tête aux difficultés, mais elle vieillit vite, comme tout ce qui manque de base et ne s'appuie pas sur des principes. La souveraineté parlementaire, avec laquelle elle se solidarisait, vieillit en même temps et, après une étape de 18 années, elle manquait de la force et de la cohésion nécessaires pour résister à l'assaut préparé par la démocratie. A l'heure du danger, elle ne se protégea pas plus elle-même, qu'elle ne protégea le pouvoir : elle fut vaincue, sans oser combattre, et la multitude put s'étonner d'avoir reconquis, sans coup férir, et en trois jours, l'exercice plein et entier de la souveraineté.

Cependant la monarchie nouvelle vient de faire, avec les Chambres, une expérience consciencieuse du régime bourgeois et censitaire. Elle a tenté une expérience, et, tandis que l'ancienne monarchie s'était appuyée sur l'aristocratie, la république sur la démocratie, elle a cherché un appui dans les classes moyennes et dans les centres. Partant de là, elle a reconstitué partout des conseils électifs, issus de collèges électoraux que la contribution suffit à déterminer. C'est un collège à 200 fr. qui nomme les Députés attribués à chaque arrondissement ; c'est un collège formé par les membres du jury et par une certaine catégorie de plus imposés qui nomme les conseillers généraux et les conseillers d'arrondissement ; c'est un collège des plus imposés qui élit pour chaque commune un conseil municipal. A chaque degré de la hiérarchie administrative, il se trouve ainsi un conseil élu, qui délibère librement, qui fait les affaires de la communauté.

Le mécanisme impérial a été largement amendé dans un sens libéral ; une part d'initiative considérable a été faite aux institutions locales ; mais en quoi consistent ces institutions, si elles ne se résument pas exclusivement dans des circonscriptions administratives, c'est-à-dire, dans des périmètres étroits, où l'on ne connaît que deux hommes, le fonctionnaire et le député ? c'est trop peu pour fonder une dynastie et prétendre à un long avenir.

La France est calme et satisfaite quand le cri de : Vive la Réforme ! va faire retentir dans le lointain la voix vibrante du suffrage universel. Cela semble peu de chose, et c'est la fin du nouveau régime, car le trône ne croit pas avoir à se défendre et compte sur la fidélité de la Chambre. Cependant la Chambre s'abandonne, et c'est avec stupeur que la France se réveille en république.

Aussitôt le gouvernement provisoire s'empresse de faire appel au peuple. C'est le vainqueur et le souverain. Et voilà une Chambre unique, constituante et souveraine, maîtresse des destinées du pays. Elle pourrait être une convention, si elle en avait les instincts ; mais le bon sens a cette fois préservé le peuple des entraînements. C'est sans entrain et sans confiance qu'il renouvelle encore les assemblées départementales et les conseils municipaux ; il n'exulte pas d'un triomphe qu'il n'a pas cherché ; la souveraineté lui pèse et il se défie de ses responsabilités.

Les événements de juin 1848, et le trouble jeté dans les services financiers, vont encore accroître son effroi ; aussi l'esprit de réaction s'accentuera-t-il et ira-t-il jusqu'à se trahir, lorsqu'il s'agira d'élire le président de la République. C'est un maître que le peuple entend se donner, c'est un empereur qu'il prépare, quand il nomme le prince Louis Bonaparte.

L'assemblée législative a bien sa prétention de faire bonne garde et de réserver l'avenir, mais le coup d'Etat du 2 décembre, assez semblable à celui du 18 brumaire, la surprend au cours de ses réflexions, et le suffrage universel n'hésitera pas à sanctionner successivement la présidence décennale et bientôt après le rétablissement de l'empire héréditaire.

La constitution nouvelle sera fidèlement calquée sur celle de l'an VIII ; comme elle aussi, elle invoque le respect des principes de 89. L'empereur est seul responsable devant la nation ; les ministres relèvent de l'empereur ; le conseil d'Etat est chargé de la préparation des lois, et de leur défense devant le corps législatif. Les députés sont élus au suffrage universel et au scrutin d'arrondissement ; ils discutent sobrement les lois apportés par le conseil d'Etat, ils n'ont ni droit d'amendement ni droit d'initiative. Le Sénat se compose de sénateurs de droit et de sénateurs à vie nommés par l'empereur ; il est le gardien du pact constitutionnel et n'examine les lois votées par le corps législatif qu'au point de vue de leur conformité avec le droit public.

Le suffrage universel continue à élire les conseillers généraux, les conseillers d'arrondissement, et les conseillers municipaux ; l'âge de l'éligibilité est fixé à 25 ans. Pour le surplus l'organisation administrative n'est modifiée qu'en un point : la nomination des maires fait retour au pouvoir central.

Il y a du vieux et du neuf dans la constitution de 1852 : le vieux est une centralisation politique et administrative, à l'aide de laquelle l'empereur a la prétention de faire revivre l'ère napoléonienne et d'être un souverain absolu ; le nouveau est une condescendance apparente pour la démocratie, à laquelle on persuadera que sa souveraineté est permanente, puisqu'elle est le pouvoir constituant, et qu'elle tient dans sa main le bulletin qui fait les représentants du peuple et les membres de tous les corps électifs ; il est vrai que la candidature officielle est le correctif adopté et qu'on en usera largement.

L'entreprise est hardie, car le succès et la durée, qu'elle peut obtenir, dépendent, d'une part, d'une sagesse qui n'a rien de commun avec l'esprit d'aventure, de l'autre, de la soumission constante des passions et des appétits, et enfin d'un pacte avec le bonheur. Un souverain, qui se déclare seul responsable, qui ne partage pas avec les pouvoirs publics les chances de la bonne et de la mauvaise fortune, qui prend son appui dans une masse confuse et sans hiérarchie, qui ne s'inspire pas d'ailleurs des principes supérieurs qui sont la base de toute chose durable, doit se heurter à de nombreux obstacles et rencontrer sur sa route des alternatives d'ivresse et de colère, de joie et de douleur, de victoires et de revers, auxquelles il ne pourra résister.

Ce fut le sort de l'Empire : après une série d'aventures d'où la France sortit amoindrie, l'Empire eut son acte additionnel à l'aide duquel il espérait couvrir sa responsabilité. Un peu après il crut trouver dans le plébiscite de 1870 la force dont il avait besoin pour tenter une expédition hasardeuse ; mais il ne put survivre à la catastrophe de Sedan, et la souveraineté populaire prétendit user de son droit, en brisant l'œuvre de ses mains, et en faisant porter à la dynastie impériale le poids de sa justice et de sa condamnation. Les deux empires avaient eu même origine, même destinée, même fin ; mais l'un avait ramené la monarchie, tandis que l'autre fit place à la République : c'était plus logique et de circonstance.

Pour une fois le suffrage universel fut clairvoyant quand, au jour où la lutte était devenue impossible, il fit appel aux hommes qui pouvaient représenter la France avec honneur et dignité, et qui n'avaient participé à la guerre qu'en dépensant leur sang pour la patrie. L'Assemblée nationale fut souveraine dans toute l'acception du mot ; elle n'eut pas seulement pour mission de conclure la paix, elle fut constituante et put librement faire rentrer la France dans le droit traditionnel et dans le respect de la souveraineté historique. Par malheur, elle fut parlementaire avant tout, si bien que, pour sauver les prérogatives de la souveraineté, elle vota une constitution républicaine, dont les tempéraments n'étaient pas de nature à prévenir les inévitables écarts de la souveraineté populaire. L'Assemblée nationale crut tout sauver en faisant une constitution à son usage, mais, cette fois encore, la logique fut inexorable, de sorte que ceux qui avaient pris la peine d'élaborer cette œuvre originale n'eurent pas celle de l'appliquer. Ils l'avaient destinée à tenir à distance les républicains, et, par une juste conséquence d'une témérité au moins audacieuse, elle n'a encore servi qu'à l'élimination de ses auteurs.

Qu'y avait-il, en effet, dans la constitution de 1875 qui pût arrêter les débordements de la démagogie? Ce n'était pas un président de république, sans droit d'initiative, installé dans une guérite monumentale pour garder la constitution, destiné à subir tous les caprices et toutes les intempérances du parlement, à se soumettre indéfiniment ou à chercher dans la démission le seul refuge honorable qui lui fût laissé.

Ce n'était pas non plus un Sénat, inamovible pour partie, pour l'autre, élu par les communes de France, alors qu'à côté un parlement emprunterait au suffrage universel, au souverain même, le droit exclusif de parler au nom du peuple.

En somme, la constitution de 1875 livrait les destinées de la France à une seule assemblée qui exprimerait, chaque jour, avec plus de précision et de violence, les passions de la rue et les appétits de la démagogie, qui rêverait toujours d'être une convention; et le parlementarisme, au nom de la loi du nombre, allait naturellement tomber dans tous les excès du jacobinisme.

Oui, tout le gouvernement de la France est dans une chambre, où la majorité impose au président de la République le perpétuel souci de trouver un ministère accepté, où le droit de la force, attaché aux délégués de quatre millions d'électeurs, inflige une tyrannie brutale, intransigeante à trois millions d'autres électeurs, qui ont le malheur d'être la minorité, et qui, dès lors, ne comptent absolument pour rien, encore bien qu'ils représentent les intérêts moraux et matériels de la France.

L'opération à laquelle se livre le parlement est bien simple : elle consiste en une sélection à rebours qui décapite totalement la société, qui supprime toutes les supériorités, toutes les forces vives du pays, et qui cote, pour ainsi dire, à un taux de plus en plus élevé, toute fraction de la société où l'esprit démagogique se traduit par plus d'intolérance et par des revendications plus absolues. De là suit que le jacobinisme a fait son entrée dans le parlement, la tête haute et en vainqueur ; il y est effrontément athée et révolutionnaire ; il proclame que la République est de droit supérieur ; il fait dater toute notre histoire de 1789 ; il reprend la solution sociale sur la base exclusive de l'Etat laïque, dispensateur de tous les biens, et vengeur impitoyable de toutes les superstitions. Or, la superstition est toute croyance qui console et fortifie, élève l'homme jusqu'à Dieu et le confirme dans sa dignité originelle. Pour suppléer ces vieilleries, l'Etat a la morale civique, dont la sanction est confiée au sabre du gendarme et au fer du bourreau. Telles sont les grandes utilités contemporaines et les attributs inséparables de la souveraineté dévoyée. Et pour justifier de tels excès, on vous dit sérieusement que le suffrage universel a parlé et que le peuple souverain le veut ainsi. Pauvre peuple ! a-t-il jamais moins su ce qu'il voulait et a-t-il jamais été plus exploité !

Le jacobinisme parlementaire entraine des conséquences de diverse nature qui sont bonnes à retenir : c'est d'abord une fièvre politique si intense que toutes les affaires sont délaissées ; c'est ensuite une stérilité absolue, une impuissance totale à réaliser un progrès quelconque. Le droit réservé à chaque député de faire une loi, d'interpeller, de proposer une constitution, répond rarement à autre chose qu'à une préoccupation personnelle où le bien public n'a rien à voir. Où les passions sont maitresses, l'esprit de suite fait nécessairement défaut ; ce qui fait que les lois, quand elles arrivent à voir le jour, manquent autant de concordance qu'elles ont peu de relation avec les règles d'une bonne justice. Elles ont un vice plus radical encore, en ce sens qu'elles démolissent et détruisent toujours quelque chose et qu'elles ne mettent rien à la place vide.

Dans une situation pareille, le gouvernement n'a guère qu'une autorité nominale. Des ministres qui ont, sans cesse, à défendre leurs portefeuilles, ne connaissent d'autre indépendance que celle qui leur est tolérée ; ils sont les assujettis et les esclaves d'une majorité que les coalitions font et défont avec la même facilité. Peuvent-ils même être libres dans la sphère de leur action administrative ? c'est une question résolue par l'expérience. La centralisation administrative que rien n'a tempérée, sous la troisième république, à moins qu'on ne compte pour quelque chose l'institution des commissions départementales et la nomination des maires par les conseils municipaux, constitue bien un engin formidable, qui s'appelle la bureaucratie, mais est-elle vraiment dans les mains du pouvoir exécutif ? Nous ne le pensons pas. La souveraineté parlementaire est telle que chaque député en emporte un lambeau, dans chaque département, qu'il y fait la loi, et que les fonctionnaires se demandent, avec effroi, quel est leur supérieur et à qui ils doivent obéir.

Or, si les citoyens ont généralement à souffrir d'une centralisation qui les réduit à l'état d'atomes, qui entrave les initiatives privées, qui multiplie les formalités et les contraintes, qui, sous prétexte de résumer l'ensemble des fonctions sociales, rend le fonctionarisme inquisiteur et odieux, combien plus n'ont-ils pas à détester une centralisation où les responsabilités sont entraînées hors de la hiérarchie, viennent aboutir à une assemblée délibérante, ou sont arrêtées en chemin par un député ou par des agents subalternes ? Une telle confusion du pouvoir exécutif et du pouvoir législatif est la pire des anarchies, et constitue un état de choses désastreux pour les intérêts publics et privés. Quand une hiérarchie est respectée, il n'est pas de faute qui ne retombe sur son auteur et ne doive entraîner un acte de réparation et de justice ; mais d'où pourrait venir la justice, quand la centralisation administrative est dirigée et absorbée par la décentralisation politique, et qu'à côté de chaque responsable il y a des éditeurs irresponsables, institués par des pouvoirs occultes, par des comités, couverts par un député qui se porte fort au nom de la démocratie ?

C'est ainsi que le jacobinisme parlementaire a pu envahir la France, qu'il règne et gouverne, et que chaque commune a un tyran extrait des bas fonds maçonniques, un vétérinaire ou sous-vétérinaire qui l'exploite ou la terrorise. Ce mot n'est pas de nous, il est de Gambetta, à l'heure de ses dégoûts et de ses déboires.

La Révolution prétend avoir inauguré un régime de liberté, et avoir affranchi toutes les communes ; mais, à quoi ces pompeuses déclarations ont-elles abouti aujourd'hui ? A faire dépendre le sort de chaque commune d'un régime draconien, qui impose la ruine sans phrases, qui enlève aux ayants droit la faculté de discuter l'opportunité des dépenses, qui ne tient aucun compte des intérêts de la propriété et des droits de la famille, et subordonne toutes choses aux exigences de la politique intensive.

L'unité sociale, qui s'appelle la famille, qui se manifeste par un foyer, qui représente le plus sacré des intérêts, qui, dans la commune, joue le rôle constituant, qui occupe, en réalité, toute la place, aurait-elle par hasard une place quelconque dans l'administration de la commune? Elle n'a plus même le droit d'intervenir dans le choix des maîtres, qui apprendront aux enfants à mépriser ce que leurs pères adorent. On ne veut pas plus connaître le feu que respecter la famille; tout est aux individus: qu'ils représentent des colères au lieu de représenter des droits, peu importe.

La propriété qui paie l'impôt est-elle mise à même de le voter? nullement. Il y avait, naguère encore, une loi qui admettait les plus imposés à voter, de concert avec les conseillers municipaux, les contributions extraordinaires. On a jugé que cette loi était un dernier vestige de l'ancien régime, et on l'a supprimée de nos codes; il s'ensuit que l'impôt est à la discrétion de ceux qui ne figurent sur les rôles que pour mémoire. Pratiquement, la commune est broyée entre deux forces, qui la réduisent à la négation de sa seule et véritable raison d'être.

Que si, en effet, le suffrage universel produit dans l'ordre politique des résultats fort étranges, il arrive, dans la commune, à renverser plus brutalement encore le droit des intérêts, et à les soumettre à la dictature insupportable de l'ignorance, de l'incapacité et de la violence. Rien n'est odieux et terrible comme le despote de bas étage, qui s'inspire des procédés gouvernementaux pour faire de la commune une démagogie en miniature à la recherche d'un petit Robespierre.

La souveraineté parlementaire et jacobine a, de fait, donné naissance à une catégorie de parasites, spéciale aux mauvais jours, qui répond très exactement à la qualification de politiciens. Le politicien est cet homme médiocre, inconnu, taré, qui demande à l'élection de le sortir de sa condition, qui, pour capter le suffrage universel, professe un amour désordonné de la République, qui se rit de la crédulité du peuple, ment avec effronterie, promet tout ce que l'on veut et quelque chose encore. Le politicien est partout; il encombre les assemblées législatives et les ravale au-dessous du croyable. C'est l'incapable bouffi d'orgueil, qui mange du prêtre à chaque parole, qui ruine les finances et disperse la fortune publique.

Dans les conseils de département et dans les conseils municipaux, le politicien fait même besogne ; il dégrade tout ce qu'il touche, et il touche à tout. Avec cela, il est délateur, envieux, jaloux, ennemi de tout ce qui le dépasse ; et ce qui le dépasse, c'est ce qui reste d'honnête dans le pays.

C'est ainsi que la France est tombée au-dessous d'elle-même, au-dessous de tout ce qu'elle renferme encore de grand, de noble, d'intelligent, de généreux, de dévoué, de vraiment patriote. Elle ressemble à un corps dont la tête aurait été séparée du tronc, et dont le tronc n'a plus que des convulsions épileptiques ; mais le souffle retenu dans ces débris redeviendrait la vie et la force, si la tête, remise à sa place, reprenait le commandement, et soumettait les membres inférieurs au légitime empire de sa souveraineté.

On dit que les peuples n'ont que le gouvernement qu'ils méritent ; le mot est rigoureusement vrai. La France a improvisé des souverainetés qui la ruinent et la déshonorent ; elle subit une juste expiation. Mais la France vaut encore mieux que les sectaires qui la personnifient dans la vie publique, car elle possède des forces qui se peuvent rejoindre, qui n'ont rien perdu à souffrir la persécution et l'outrage, que nous trouvons prêtes à faire rentrer la patrie dans l'esprit de sa vocation adapté à des institutions modernes.

Au milieu de tout cela, qu'est devenu le pauvre souverain avec son sceptre électoral ? Le souverain est tombé dans le mépris, dans l'esclavage et dans la misère. Sa royauté est comme la tunique de Nessus ; elle le ronge et le dévore, et il remettrait volontiers son sceptre à celui qui lui rendrait la stabilité du foyer, qui respecterait la souveraineté paternelle et le droit sacré des consciences, qui s'inspirerait des légitimes besoins du travail, qui ne paralyserait plus, par esprit de système, toutes les forces de la production, ferait du régime économique une question de justice et de bon sens, et aurait à cœur de réconcilier le travail et le capital. La Révolution n'a produit le quatrième Etat que pour en faire surgir le prolétariat, c'est-à-dire une classe de déshérités sans foyer et de désespérés sans consolation. Elle avait renversé l'ordre social et politique, en prétendant que l'autorité vient d'en bas ; elle a de même bouleversé l'ordre économique, en soutenant que la richesse peut émerger de la profondeur des masses. Or, la richesse, comme l'autorité, tombe de haut en bas, et doit procurer à la société entière le bienfait de la participation par le magistère des fonctions sociales. Mais, une fois encore, comment les fonctions sociales pourraient-elles remplir leur office quand, au nom de l'égalité, on les repousse ; quand la liberté est devenue un moyen d'oppression de toutes les causes justes et populaires ; quand la souveraineté, confisquée par les moins dignes, n'est plus que le panache d'un jacobinisme qui remplace le droit du bien par le droit à la jouissance, et provoque tous les appétits ? Et qui donc aurait une saine conception de l'ordre et de la justice, alors que toutes les forces du pouvoir sont dirigées contre l'impérissable royauté sociale de l'Eglise ? Que nos législateurs le veuillent ou non, l'Eglise seule est la vérité totale ; seule aussi, elle possède le secret de ces harmonies dont la création est le modèle, et que l'homme doit reproduire, dans le monde moral, pour accomplir sa destinée et mériter les divines justices. La révolte qui a perdu le monde, perd encore aujourd'hui la France ; sa forme est plus satanique que jamais, car elle se résume dans l'athéisme social. Elle affiche le mépris absolu de Dieu et de ses droits ; elle pousse la démence jusqu'à vouloir le supprimer ; mais aussi, elle condamne toute souveraineté à l'impuissance, parce qu'elle est à la recherche de l'absurde et de l'impossible, et qu'après tout, elle n'est qu'une monstrueuse usurpation. N'en sommes-nous pas là à l'heure présente, et n'écrivons-nous pas le dernier et le plus instructif commentaire des principes de 89 ? Qui oserait dire, dans le moment actuel, que la banqueroute totale n'est pas proche, et que la Révolution ne va pas ouvrir d'elle-même son compte de liquidation ?

Dès à présent le bilan historique de ce siècle n'est pas malaisé à établir. Il se traduit par une bonne douzaine de constitutions, qui tiennent à peine en un gros volume ; elles ont péniblement remplacé une constitution non écrite, qui avait duré quatorze siècles. Ces constitutions marquent une oscillation constante de la souveraineté de la multitude à la souveraineté césarienne, le tout entrecoupé d'une double expérience de monarchie constitutionnelle, avec addition de souveraineté parlementaire. La plus grande durée de ces constitutions à été de dix-huit années ; et chacune a fait une part plus ou moins large à la Déclaration des Droits de l'homme, et à ceux des principes de 89, qui sont le génie même de la Révolution.

Au point de vue critique, nous nous sommes exprimé librement sur la valeur de ces œuvres, où l'invention humaine heurte de front quelqu'un des principes essentiels, et subordonne toutes choses à la loi aveugle des majorités ; mais cette succession seule, ces chutes, ces soubresauts mis en regard de la continuité des siècles, ne suffisent-ils pas à démontrer que chacune de ces constitutions contenait un germe de dissolution et de mort et ne méritait pas la durée?

Joseph de Maistre disait au commencement de ce siècle, vers l'année 1820 : *la Révolution est une époque et elle dure encore.* C'est avec tristesse qu'arrivé bientôt à l'année 1889, nous sommes contraint de reprendre la parole de Joseph de Maistre. C'est avec l'autorité de l'expérience que nous ajouterons : Aussi longtemps que durera la Révolution, nul gouvernement ne pourra retrouver des conditions de stabilité, et le peuple ne pourra que changer de servitude, car la Révolution réside dans l'ignorance du principe de la souveraineté, dans le mépris des Droits de Dieu et dans l'abus de la force. Tout cela est de l'actualité, mais il y a une lutte suprême engagée entre la France qui se suicide et la France qui veut renaître. Or, à l'heure présente, ces deux Frances se symbolisent en deux monuments, qui se dressent vis-à-vis l'un de l'autre. Là-haut, sur le sommet du mont des martyrs, s'élèvent et montent vers les cieux les dômes puissants de l'église du Vœu national : la foi pénitente se réfugie dans le Cœur Sacré de Jésus, roi des hommes, et fait un appel désespéré à la toute-puissance de l'Amour divin. Là-bas, au milieu des brouillards de la Seine, s'élève, dans une fiévreuse inquiétude, dans le tumulte et la confusion, la Babel de la Révolution. C'est à un véritable barbarisme de l'art que le centenaire de 89 a demandé une colonne commémorative, qui s'appelle simplement la tour Eiffel : l'homme en révolte n'a pu mieux faire; le suprême effort de son orgueil est ridicule et grotesque. La nouvelle Babel s'édifiera-t-elle complètement, montera-t-elle au niveau convenu, s'effondrera-t-elle d'elle-même? nul ne le sait; mais le temps en aura, depuis longtemps, dispersé les débris que là-haut retentiront encore et toujours les saints cantiques, et que le temple de Montmartre attendra, dans une radieuse impassibilité, le dernier jour de tous les siècles.

Que sont, en effet, toutes les conceptions de l'orgueil humain au regard de l'éternelle vérité et du droit souverain de la Providence? Voilà un siècle qui a eu toutes les fortunes : il peut être fier des progrès de la science et des découvertes les plus merveilleuses; il a arraché à la nature mille secrets nouveaux; il a remué l'or à pleines mains; il est l'étonnement de l'histoire; et qu'a-t-il fait pour le bien du peuple? Il l'a ruiné et divisé contre lui-même par une application persévérante de la doctrine de 89; il finit par l'acculer à la détresse et à la révolte.

Aussi bien n'est-il pas le temps de reconnaître que la France ne retrouvera la paix et la fortune que dans un acte d'abjuration, qui sera la conversion nationale.

Qui accomplira le miracle? Dieu seul ne l'ignore pas; mais si ce n'est pas quelqu'un, ce sera tout le monde.

III

Quelques idées d'application ont leur place à prendre à la suite de cette revue historique et critique du siècle de 1789. Nous essaierons de les déduire, tout à la fois, de la synthèse des erreurs contemporaines et de l'accord permanent que nous espérons avoir pu établir entre la vérité doctrinale et les conséquences des faits accomplis.

1° La souveraineté, étant une part de la royauté sociale de Notre-Seigneur Jésus-Christ et ayant pour mission d'ordonner la Société pour le bien moral et matériel du peuple, ne saurait être dépendante de la volonté de la majorité. Le nombre, en tant qu'expression mathématique, n'a, en effet, rien de commun avec le Droit, qui est la conformité à l'ordre divin, non plus qu'avec la loi, qui est la formule donnée à un droit déterminé.

La souveraineté ne peut rester aux mains de la multitude, où elle serait stérile, en demeurant dans l'indivison, où elle tourne fatalement au jacobinisme, dès qu'elle est mise en action. Elle ne peut non plus devenir le partage d'une Assemblée, qui prétendrait absorber tous les pouvoirs et subordonner ses actes au simple jeu d'une majorité parlementaire.

La souveraineté ne peut enfin être exercée arbitrairement par un seul, sans contrôle, sans concours et prendre la forme du césarisme ou de l'absolutisme.

La souveraineté déléguée ou reconnue ne saurait appartenir légitimement qu'à un pouvoir responsable, libre dans le domaine exécutif, mais respectueux du droit et partageant avec un pouvoir représentatif les prérogatives législatives.

Le pouvoir, qui a pour lui la consécration des siècles, n'a pu conquérir le droit historique qu'en exerçant régulièrement les prérogatives de la souveraineté ; il mérite d'être considéré comme légitime; la révolution qui le détruit fait acte criminel et d'usurpation.

2° Les institutions représentatives ne sont pas compatibles avec l'exercice du suffrage universel, tel qu'il se pratique en France aujourd'hui. La force représentative est bien dans la masse des citoyens, mais elle n'y est pas également répartie entre chaque citoyen ; car chaque citoyen n'est pas une simple unité sociale de valeur identique. Tout individu est un facteur de la force représentative, mais pour une part déterminée par sa fonction sociale.

Il suit de là que le meilleur mode de suffrage est celui qui est l'expression aussi exacte que possible de tous les droits et intérêts moraux ou matériels, collectifs ou privés qui ont chacun une place marquée dans l'unité nationale.

3° La centralisation administrative a pour objet de substituer un ordre de choses conventionnel et factice à un ordre de choses naturel et spontané. Ce programme, elle le réalise par un excès de bureaucratie et de contraintes. Partant de là, la centralisation administrative restreint, dans une mesure préjudiciable à tous les intérêts et au bon ordre social, les initiatives privées et le libre jeu de la vie locale dans toutes les individualités morales : elle fait ainsi porter aux communes le poids d'une telle dépendance qu'un despotisme aveugle et brutal y tient lieu de justice, et que souvent il n'y a pour elles aucun moyen de se soustraire à la ruine.

La centralisation administrative paralyse encore, au détriment des justes responsabilités du pouvoir public, la puissance, la force, la fécondité qui devraient revenir régulièrement aux associations libres, aux corporations légales ; elle entraîne enfin, par voie de conséquence, un déplacement tel de la vie politique qu'elle multiplie à l'infini les tyrannies locales.

4° La centralisation politique est, au contraire, à maintenir et à affirmer, comme condition essentielle de l'ordre et de l'apaisement des partis, et comme prérogative nécessaire de la souveraineté. Le gouvernement de l'Etat, comme celui de la famille, est paternité d'un côté, obéissance de l'autre. Toute paternité amoindrie ou discutée est, par cela même, impuissante.

La meilleure formule de gouvernement est, en effet, dans ces mots : *Celui qui règne, gouverne*, car il est de règle, en toutes choses, que *donner et retenir ne vaut*, car celui qui exerce le pouvoir souverain doit être assez fort pour faire de tout droit la sanction d'un devoir supérieur, et par là reproduire fidèlement l'image de l'ordre social chrétien.

N'allons pas au delà, tout est là.

Mis D'AURAY.

Bar-le-Duc. — Typ. de l'ŒUVRE DE SAINT-PAUL, Schorderet et Cie — 830

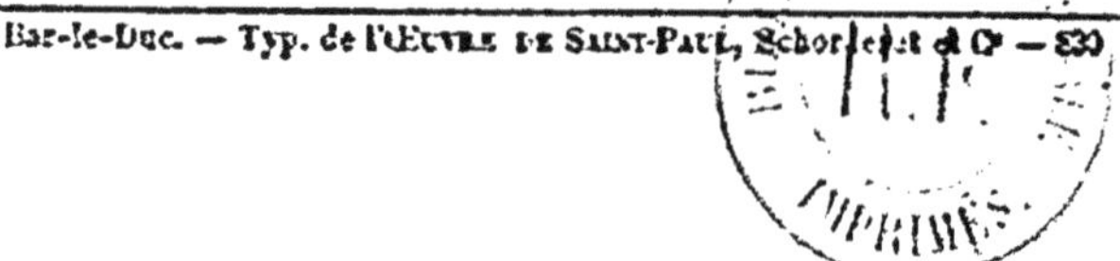

www.ingramcontent.com/pod-product-compliance
Ingram Content Group UK Ltd.
Pitfield, Milton Keynes, MK11 3LW, UK
UKHW021210230726
13926UKWH00001B/425

9 782013 247900